ENZO PALAZZO

Ho sognato di fare l'artista

Con in faccia un pò di sole

ISBN 978-0-244-25840-5

"L'amore per la conoscenza
riecheggia nei nostri cuori
e nutre la grandezza dei pensieri"
SOCRATE

4

In memoria di mio padre

In onore di mia madre

PREFAZIONE

"Da sempre l'uomo ha cercato il motivo della sua esistenza, della sua presenza nel mondo...". Questo scrive il Maestro Enzo Palazzo nel pregevole saggio "Ho sognato di fare l'artista. Con in faccia un po' di sole".

La vida es sueno (la vita è sogno), è questo il titolo del dramma filosofico – teologico in tre atti, in versi, scritto nel 1635 da Pedro Calderon de la Barca, che teorizza il trionfo dell'uomo sul destino. Richiamandone la finalità espressa dall'autorevole esponente del Siglo de oro spagnolo, Palazzo orienta la sfera onirica verso un impulso di rinnovamento e pertanto l'arte diventa – citando implicitamente Cesare Pavese -, il "mestiere di vivere", con l'abbandono delle consuete vie della pittura e della scultura. Egli segue così un tracciato ideale che lo porta fuori dai generi, con ampie citazioni rivolte ai grandi autori del passato, riproponendone l'attualità anche nel contesto dell'opera, intesa come "evento", inserita in un "ambiente", coinvolgendo gli strumenti più svariati nelle sue originali "installazioni".

In tal modo il momento della *comunicazione artistica* viene considerato come del tutto diverso da quello dell'espressione: quest'ultima è visibilità costitutiva dell'arte in quanto tale; la comunicazione invece è un momento pratico, attraverso il quale sensibilmente la creatività si traduce in note, forme, colori, scrittura.

Il Maestro Palazzo riprende la funzione positiva dell'invenzione artistica, proponendone i contenuti attraverso il valore d'uno che la stessa esprime, nel recupero di una dimensione autentica dell'esistenza, per cogliere il significato più veridico ed essenziale dei processi storico – sociali, calati nell'epoca attuale.

Idealmente egli muove dalla ricerca di un compromesso fra ciò che riconosce come esigenze della pittura contemporanea e il fascino che su di lui esercita l'aspetto figurativo del passato, creando un motivato accostamento tra la contemporaneità e l'antico, evocando anche i fasti della Magna Graecia, in una rara chiarezza formale, ricca di fermenti.

Nel saggio in oggetto l'autore tratta le scienze umane attraverso la sociologia dell'arte, studiando le relazioni che definiscono orientamenti e scelte creative, riuscendo a "sedurci", con il piacere che in noi provoca la comunicazione visiva, raccontata con attenzione descrittiva, frutto di una attenta struttura narrativa, al pari degli allestimenti scenografici a lui tanto cari. Stavolta però non nell'illusorietà della rappresentazione, bensì tramite il rapporto con la ricerca della verità fra "invenzione" artistica e "fattualità" del reale.

Mario Vicino
Storico dell'arte e
Accademico

Installazione Museo Nazionale Archeologico della Sibaritide.
La Porta di Sibari

Ho sognato di fare l'artista

Sono trascorsi trentaquattro anni dal giugno 1985: è un inizio, uno dei tanti, ma sicuramente quello ufficiale. e non me ne sono accorto, mi fa paura e allo stesso tempo mi esalta e mi rende euforico. Ci tenevo a indicare questa data, perché molti avranno pensato che la mia attività artistica, fosse nata all'improvviso, quasi dal nulla. Non è così. Sono nato a Lauropoli, frazione del comune di Cassano all'Ionio il 26 ottobre 1962, in provincia di Cosenza, nella culla della Magna Graecia, a due passi da Sibari, si, dalla leggenda dal mito, dalla storia. Il respiro della cultura che viene da questo mare mi ha catturato come catturò ciò che rimaneva di quel popolo che ancor prima abitava questi luoghi e ciò che oggi è la mia città, la fertile pianura fino al mare, attraversata dal fiume, inconsapevole di aver contribuito alla sua storia, il Crati. Il mio rapporto con l'arte è nato da bambino, ma con lo studio alle medie ero disorientato, poi è arrivata una persona, che non smetterò mai di ringraziare, la quale mi consigliò di iscrivermi al Liceo Artistico, dove ho appreso la storia dell'arte e le altre discipline. E così è iniziato tutto. Il binomio studio e attività creativa, sono i presupposti che accompagnano tutte le mie riflessioni sul fare artistico oggi. È una analisi continua, non cerco altro, mi sforzo di narrare la contemporaneità attraverso il mezzo delle arti visive, narrabile solo tramite la ricreazione della storia e la citazione.

Dopo la maturità conseguita al Liceo Artistico Statale di Cosenza, mi sono trasferito nella città di Perugia dove ho proseguito gli studi d'arte, diplomandomi in Scenografia all'Accademia di Belle Arti "Istituto di Alta Cultura" Pietro Vannucci di Perugia, oggi laurea. Per anni ho lavorato alternando diverse esperienze, preoccupato soltanto di andare avanti. Essere lontano dal centro, da ogni centro possibile, non mi ha dato nessun pensiero, perché il mio spazio è la mia centralità. Mi preoccupava invece la formazione, il confronto col pubblico e le istituzioni, che dovevano tenere conto di difficoltà e resistenze. Questa premessa chiarisce subito che la mia professione artistica nasce contestualmente alla mia formazione accademica.

L'idea di questo saggio è maturata nel giugno 2016, durante il viaggio professionale a Perugia, per ritirare il premio "LAKE" istituito dalla "fondazione Fabbroni", città, quella, alla quale sono molto legato professionalmente e affettivamente, avendoci studiato, come ho già scritto, e vissuto per un lungo periodo. Nell'occasione, infatti, sono stato folgorato nel rivisitare i luoghi della mia permanenza in quella città e recandomi in Accademia, ho provato un'emozione e un nodo alla gola incontrando vecchi amici e amiche, colleghi di tanti ricordi e condivisioni che, per l'occasione

avevo informato fra questi il Prof. Arch. Fabbroni mio docente al corso di scenografia, nonché direttore per un breve periodo, ritrovandomi nel chiostro, scenario di tante discussioni e di tante attese nel periodo degli esami, mi sono rivisto in alcuni allievi che sostavano proprio lì.

Spiegare perché ho deciso di scrivere il mio saggio non è facile. «Ho sognato di fare l'artista», contiene riflessioni sull'arte tratte da appunti personali conservati negli anni e da scritti di studiosi e critici d'arte, che si sono occupati nel tempo del mio lavoro, dei miei progressi artistici e professionali, il tutto arricchito da immagini delle mie opere esposte in Musei, Gallerie, e luoghi site/specific. Mi domando ogni volta con il dubbio dipinto in volto, come se avessi pensato a un progetto sullo spirito dei luoghi e degli uomini.

Credo che oggi il linguaggio della comunicazione anche per un artista, si stia rapidamente trasformando. Per quanto nato dall' esigenza di portare alla luce e informare, trovo che la mia idea sia

estremamente interessante e piena-
mente corrispondente alle esigenze
attuali di ricerca. La natura stessa ce
lo insegna, per cui siamo soliti immaginare che alla fioritura del ramo
seguirà lo spuntare del frutto, quindi
la sua maturazione e, infine, il ger-
mogliare di una nuova pianta dal
seme caduto a terra. Dal verbo "su-
chen" (cercare) i Tedeschi fanno il
participio presente, suchend, e lo
usano quale sostantivato, der Su-
chende (colui che cerca), per desi-
gnare quegli uomini che non si ac-
contentavano della superficie delle
cose, ma di ogni aspetto della vita
vogliono ragionando, andare in
fondo e rendersi conto di sé stessi,
del mondo, dei rapporti che tra loro
e il mondo intercorrono. "Quel cercare" che è già di per sé un trovare,
come disse Sant'Agostino, quel cercare che è in sostanza vivere nello
spirito. E così ha rivelato al mondo
intero quel grande scrittore, tra i
miei preferiti, Hermann Hesse, nella
sua opera universalmente nota,
"Siddharta". Non sempre questo ciclo vitale si completa e si rinnova.
Così anche nell'esperienza umana,
nell'ordine più diffuso degli eventi
possono esserci tagli, cadute,

estinzioni precoci.

Ogni passaggio nell'evoluzione delle cose è tutt'altro che
scontato, per cui l'attitudine a immaginare la chiusura di un ciclo e
magari l'apertura del successivo de-
nota una buona dose di ottimismo.
"Ho sognato di fare l'artista", centra
l'obiettivo sul lungo periodo che
vede la mia persona compiere le
scelte della cosiddetta maturità per
poi gustarne o esorcizzarne le con-
seguenze negli anni, accentuando la
tendenza a tracciare bilanci e a
sfrondare il superfluo nel racco-
gliere le essenze preziose da lasciare
in eredità.

La condizione adulta è legata,
nel suo stadio iniziale, all'difica-
zione di un intero mondo sulle fon-
damenta scavate non senza insuc-
cessi e sofferenza durante l'infanzia,
la giovinezza ed in età più adulta, in
cui l'impegno quotidiano non sempre riesce a farti guardare nella giu-
sta prospettiva i risultati raggiunti
passo dopo passo. Si acquisisce la
saggezza che deriva dagli inciampi e
dai ridimensionamenti, mentre il lavoro, su cui si è tanto investito, non
necessariamente ricompensa con le
adeguate soddisfazioni. Si è attivi e

ci si fa carico di grandi responsabilità sociali. Anche i momenti trascorsi con gli amici, assumono un'accentuata rilevanza, grazie a un rinnovato senso di condivisione.

Come fare a lasciare un tratto della nostra partecipazione all'evoluzione del pensiero e dell'azione, se non sappiamo da dove veniamo? Come artista me lo chiedo da tempo, rispondo da tempo, e continuo a fornire profili sempre diversi di risposte sulla nostra origine greca di importanza fondamentale, fondante per tutti e per molti. "Camminare nella storia in quella dove da cui tutto ebbe ORIGINE è stato fare il punto su cui ha ragionato qui da noi, e ha scritto, di chi parte, chi arriva, chi resta, chi ama e chi odia, di chi ha lavorato per la prima volta sull'uso dei numeri…" Il pensiero greco fonda le nostre radici e conoscerlo, significa indicare a noi stessi dove vogliamo andare e saper raccontare, significa dire agli altri "io sono questo" fondamentalmente il pensiero che si fece civiltà… io sono l'ORIGINE… senza cui nulla può divenire. Un artista deve tenere conto della realtà, del territorio e

delle atmosfere che riporta nell'opera, attraverso la sua interpretazione. Io cerco di vivere i luoghi, di coglierne gli stimoli, ma soprattutto sono animato da un grande rispetto verso la natura e le cose.

La storia di un territorio è disegnata già di per sé da una contestualizzazione geografica. Ci sono legami che danno vita ai cosiddetti itinerari della memoria nel presente. Una memoria che vive dei segni e dei simboli nella nostra quotidianità. Carica di significati profondi che rimandano alla storia, alla cultura, alla vita quotidiana di quei popoli che transitarono per quei luoghi, che vi organizzarono le loro attività economiche. Il Mediterraneo che crea legami tra il mondo Occidentale e quello Orientale, lasciando segni e messaggi indelebili di una civiltà da custodire nella mente e nel cuore, ancora oggi, come testimonianza, eredità morale, cultura, non solo da preservare, ma da valorizzare e far conoscere. L'arte è soprattutto intesa come bene comune, ossia consustanziale alla politica e alla società.

L'artista vive la sua creatività come evasione dal mondo chiuso e determinato in cui siamo, come tentativo di rompere i legami con la terra e spingersi in ambienti senza limiti e dimensioni. Infatti, l'Arte è un veicolo che infrange le regole, espressione umana che mai si assoggetta al finito e che, al contrario, ricerca instancabilmente l'infinito e quindi la libertà. Esemplarmente, l'artista vive e coltiva luoghi mentali. Per costruirsi una meta cui tendere, modulare soste, segmenti di percorso, adeguare mezzi espressivi portando nel cuore sempre la convinzione che quella meta poi è superabile sempre per altre mete.

L'arte contemporanea vuole essere una piena affermazione della libertà del soggetto attraverso il recupero della bellezza. E, recuperando la bellezza, si apre la possibilità di ripristinare una grande parte dell'arte, caratterizzata dal grido e dalla lacerazione dei nostri tempi. Convinto che l'uomo, l'artista, è come una cavità teatrale dentro alla quale riecheggiano imperativi, valori, e voci diverse, a volte incompatibili o in conflitto, proveniente da una dimensione mentale e vivente di appartenenza a determinati territori, impregnati di rimandi ai grandi racconti, agli scenari dell'eredità culturale. Essendo questo il filo conduttore del dialogo, esso è la rivendicazione dello spazio della drammaticità dentro l'arte. Far rivivere il territorio, riappropriarci del nostro passato, approfondire la nostra storia, studiare, recuperare, preservare e coltivare il bello che ci circonda, possono trasformarsi in conoscenza operante, nel senso che indagando e meditando sui processi evolutivi della comunità cui si appartiene, diventa più immediata la comprensione di sé stessi, della complessità del mondo in cui si vive e conseguentemente dei modi della contemporaneità, per affrontare il futuro che ci attende. La storia, le vicende che nel corso dei secoli, hanno portato il nostro territorio ad assumere un ruolo di grande rilievo nella storia dell'Europa; sono espressioni di una necessità culturale che mira a rendere conoscibili in modo adeguato una serie di vicende la cui storia deve essere fissata per dare valore al presente e per costruire il futuro del nostro territorio.

Il sapere è il valore fondamentale per la crescita degli uomini e donne consapevoli, lucidi, attenti e protagonisti dei loro destini. In nome di questi valori vorrei condividere i percorsi di crescita insieme a coloro che rompono gli schemi, che scoprono nuove strade, che trovano il coraggio di pensare liberamente. In questo l'arte può acquisire valori reali, può concorrere a conservare la memoria e a sollecitare non solo l'immaginazione ma il progresso civile ed economico di un territorio, di una città, facilitando la conoscenza e l'indagine sui temi che interessano l'essenza dell'uomo. L'arte come strumento di arricchimento sociale dunque, come medium attraverso cui generare nuove idee e possibilità, perché come scrisse Victor Hugo: "il passato è la porta dell'avvenire".

L'arte transita, come qualsiasi forma culturale, ha bisogno di recuperare lo spessore simbolico che gli è proprio, lasciando intravedere le situazioni che l'attraversano, interagendo in modo discreto con mondi simbolici affini o diversi. Le piccole certezze, siano esse della società politica o di quella civile, sono più che

mai illusorie, occorreranno il conforto della bellezza e la perenne tensione di un pensiero creativo, vitale, consapevole dei valori della tradizione, ma aperto ai segni del nuovo per indicare la luce, non salvifica, certamente vivificatrice.

"Quando mi chiedono di dove sia, rispondo che mi sento Mediterraneo, per ragioni culturali, storiche, per esperienze personali, per scelte etiche ed estetiche. Come ribadisce Paul Valéry, sul Mediterraneo è iniziata l'Europa. Il Mediterraneo unisce, nel segno della comune cultura, le città che vi si affacciano pur nelle loro continue evoluzioni di civiltà, appaiono come sorelle. Il complesso di relazioni che da sempre intersecano terre e popoli fa sì che il Mediterraneo, oltre che un mare, sia anche un ambito territoriale perché, la terra diventa territorio quando è tramite di comunicazione, quando è mezzo e oggetto di lavoro, di produzione, di scambio, di cooperazione di arte e cultura". – Prof. Enrico Costa.

Dalla riflessione di Didier

18

Eribon, durante un'intervista allo storico dell'arte Ernst H. Gombrich (pubblicata da Einaudi con il titolo "Il linguaggio delle immagini"), egli sostiene che, il più delle volte chi oggi impiega la parola "arte" intende qualcosa di più che la semplice evocazione sociale: si percepisce quasi una sorta di esaltazione mistica.

Rodin con la sua signora scolpita con un Partenone per copricapo, ci invita a riflettere "E' un momento di grande crisi della cultura classica. Si studiano sempre meno il greco e il latino, spariscono dall'orizzonte le antiche civiltà. Eppure, ci portiamo ancora la Grecia in testa, anche quando non lo sappiamo".

Inseguire un sogno di libertà attraverso l'arte, è un viaggio che affronto da tempo ponendomi delle domande. La società muta e di conseguenza anche l'arte, ma la società è molto più veloce di quanto l'arte possa fare. C'è un uso delle immagini che sicuramente qualche decennio fa non c'era, l'intervento di internet nel sociale ha rivoluzionato il modo di vedere la realtà. È una necessità che ci permette di riappropriarci di un tempo umano fatto di poesia, amore, di attività manuale. È un tempo in cui ognuno ci si può ritrovare e non necessariamente bisogna essere artisti. Credo che il racconto di questo viaggio abbia la valenza nel farci sostare un attimo, di fermare il tempo... per farci andare oltre.

La cultura del territorio

La provincia di Cosenza, costituisce un sistema territoriale dalle enormi risorse culturali, in cui sono maturati processi di antropizzazione, che hanno segnato di ingenti valori l'evoluzione della Calabria nel corso dei processi storici. Evoluzione lenta ma continua, che ha comportato lo stabilimento di ambiti e siti sempre più intensamenti fruiti e riconfermati, fino a determinare il paesaggio del costruito attraverso tracce, segni e presenze di indiscutibile importanza dell'arte e dell'architettura europea. Ruolo, quest'ultimo, in fase di affermazione, i cui presupposti e i cui contenuti sono, comunque, avviati dal recupero di una identità che il passato ha concretamente definito e che continua a testimoniare, attraverso la voce dei suoi monumenti storici e dei suoi attestati antropologici rappresentati dalle varie culture. Gli eventi che caratterizzano la provincia cosentina, partono da un lontano passato che ha inizio dalla formazione delle prime manifatture litiche e dalla applicazione di rudimentali, ma nel contempo efficaci e funzionali, tecniche metallurgiche desunte dalle scoperte paletnologiche e dal relativo esame dei materiali rinvenuti e identificati.

Parlare di un territorio come quello della provincia cosentina, quindi della Calabria, significa soffermarsi a considerare un comprensorio ricco. La Calabria, per la sua posizione geografica nel centro del Mediterraneo, aveva già dall'origine il destino segnato come terra di transito, di passaggio, di traffico e di incontro, di accoglienza, di confronto. Molte popolazioni e razze vi giunsero da parti diverse e progressivamente si scontrarono, si sovrapposero, si aggregarono, si fusero. Si narra di un popolo, padre come gli

Enotri. Questo popolo è stato capace di offrire una prospettiva socioeconomica alla Piana di Sibari e alle colline che fanno da corona, valorizzandone l'eccezionale fioritura dovuta alla notevole produttività della terra, aperta ai contatti con gli stranieri, prima i Micenei e poi i Fenici, consolidando una posizione culminante per civiltà e benessere. Il mito dell'antica Sibari per il mondo incarna il sogno della bellezza e del buon gusto, delle arti e della cultura: è un primato che deve essere mantenuto non con la pietrificazione in schematismi concettuali ma con la forza dell'intelligenza e con progettualità strategiche. Le comunità della Sibaritide devono proporsi come luogo di elaborazione di modelli culturali, di sviluppo di ricerche avanzate, e come deposito continuamente arricchito di memorie rilevanti per le scienze dell'uomo, della natura e della società. Una gestione condivisa della ricchezza sociale, economica e del patrimonio culturale, il coinvolgimento dei portatori di interesse e della comunità sono requisiti indispensabili dai quali dipende il successo di questo grande territorio.

Per difendere e valorizzare il nostro patrimonio culturale bisogna investire su di esso per creare economia e sviluppo, non trascurando, ma concentrare l'attenzione su tutte le problematiche legate alla sua conservazione, strettamente correlate alla tipologia stessa dei beni da tutelare. La nostra Regione, fatta eccezione per alcune aree di chiara fama, presenta una straordinaria varietà di beni culturali, ma carenti sotto il profilo della fruizione. La rete dei beni culturali, se opportunamente organizzata, è infatti in grado di promuovere e valorizzare il contesto, anche in aree di ritardo e sviluppo, migliorandone la capacità di attrarre visitatori e creando così un volano economico, di cui anche la popolazione residente può beneficiare. Il recupero, lo studio e la catalogazione, per pianificare una politica di finanziamento a sostegno della ricerca. Il patrimonio culturale, fonte della memoria collettiva e strumento di studio storico e scientifico del territorio calabrese, necessita di migliorare la gestione, la conservazione e la fruizione, ma anche di sviluppare il comparto economico e turistico ad esso collegato, accrescendo la

21

consapevolezza di quante e quali risorse culturali e artistiche sono potenzialmente a disposizione di aree geografiche, anche economicamente svantaggiate.

Come artista, ho elaborato in questi anni, una ricerca sulle modalità attraverso le quali l'arte contemporanea interviene negli spazi pubblici, nelle comunità, nei paesaggi antropici che di volta in volta ho preso in esame. Gli strumenti di questa indagine sono diversi, come i protagonisti coinvolti dai progetti dedicati ai Comuni e/o privati in cui ho lavorato attraverso interventi artistici veri e propri. Ciascun punto di vista costruisce, nella ricerca che ho avviato, un paesaggio nuovo, delineato dalla somma degli sguardi e dalla differenza dei linguaggi. Tutto questo è sempre sostenuto dal presupposto di ogni azione, intervento, ricerca: l'ascolto del territorio, la formulazione di un'ipotesi di lettura. Di cultura si parla tanto. Abituati a conservare in modo ineccepibile, abbiamo quasi paura a promuovere, valorizzare, diffondere. Cresciuti con l'idea che la cultura sia un patrimonio morale e spirituale, finiamo per muoverci in modo scomposto: ne nascondiamo alcune parti, ne spettacolarizziamo altre, ne commercializziamo altre ancora. C'è un modo possibile per restituire al patrimonio culturale italiano tutto il suo valore? C'è una via possibile per esaltarne l'attualità e l'universalità? È possibile evitarne la mummificazione a vantaggio di pochi eletti? È possibile scongiurarne sul piano opposto la deriva commerciale e la spettacolarizzazione a buon mercato? In una parola, si può immaginare un rilancio del Paese che passi anche attraverso il rilancio delle sue risorse culturali? Se la cultura è retaggio dell'umanità, chi porta sulle proprie spalle il peso della sua gestione e della sua valorizzazione sono le città, i piccoli comuni, le province, le regioni. Sviluppare un approccio concreto, basato sulla capacità innovativa, su una visione ampia e di lungo respiro delle risorse culturali, appare del tutto coerente con un sistema di valori che pone il benessere immateriale al primo posto della scala gerarchica. Far funzionare la macchina culturale significa abbandonare l'ossessione dimensionale che tuttora domina il dibattito. Non importa se il patrimonio culturale italiano è "il primo del mondo", ma è del tutto indispensabile cogliere la responsabilità che viene da un patrimonio così capillarmente diffuso nel territorio, così ampiamente riferito a civilizzazioni diverse, così legato alla stessa vita quotidiana e alle sue attività. L'interesse che un pubblico crescente manifesta per la cultura non trova sempre le occasioni e le opportunità che meriterebbe. E il bisogno di consolidare la propria identità e il senso di appartenenza a una comunità territoriale dovrebbe sempre trovare nel patrimonio culturale la sua più efficace fonte di soddisfacimento. È tempo di scelte strategiche, dunque, si deve decidere finalmente di abbandonare la nostalgia del passato, e di comprendere che il periodo più fertile per la crescita della cultura e del benessere è il presente. Se definiamo "culturali" le risorse più belle del Paese è perché riconosciamo e pretendiamo che la loro fruizione attivi dei processi di coltivazione del gusto, di accumulazione delle conoscenze, di maturazione della capacità critica, sia individuali che collettive. Non possiamo

certo aspettarci che la semplice presenza di risorse culturali nel territorio possa conseguire questi effetti di per sé. Si tratta di "mettere in circolo" tali risorse, evidenziando la loro appartenenza al territorio, esaltando i loro legami culturali e produttivi, coinvolgendo una pluralità di attori nella loro valorizzazione, traendone la capacità di generare valori, identità, benessere.

Parlare di arte e cultura in un momento difficile come quello che stiamo attraversando, può sembrare non opportuno, eppure sono convinto che la cultura, l'arte, possono essere importanti strumenti per contribuire ad una rinascita sugli interessi collettivi dei beni culturali del territorio. In sintesi, il benessere di un terrritorio passa attraverso la valorizzazione delle sue risorse in termini, sia di capitale umano, sia di tessuto produttivo in grado di garantire la sua stessa sostenibilità e, quindi, di soddisfare gli attuali bisogni, senza compromettere la capacità delle future generazioni di soddisfare, a loro volta, i propri bisogni. I beni culturali sono una delle principali risorse del territorio e creare attenzione sul loro recupero e valorizzazione, può consentire di promuovere l'arte e la cultura a fattore di sviluppo economico. Tali indicazioni sono confermati da recenti studi e incontri tenuti, in diverse città italiane come Firenze, dove in un convegno si è parlato di economia dei Beni Culturali e il Florens index, strumento utilizzato per attivare un sistema di misurazione nel settore; a Milano, con il Summit Arte e Cultura - la cultura, asset competitivo per la crescita dell'economia nazionale dove, per diversi aspetti, è stato evidenziato come arte e ambiente culturale rappresentino una potenzialità di crescita economica, in grado di agire da moltiplicatore del PIL nazionale. I beni culturali sono già motore di sviluppo, attraendo investimenti, sia per rilanciare l'immagine aziendale, sistema consolidato generalmente delle grandi imprese, sia per la possibilità, dopo le operazioni di valorizzazione, di sviluppare azioni di rilancio della loro fruibilità e, quindi, di attrarre investimenti. Bisogna spingere per ottimizzare gli sforzi e creare le necessarie collaborazioni tra operatori, enti ed organizzazioni deputati alla salvaguardia del nostro patrimonio culturale ed artistico, per non disperdere le risorse in operazioni di immagine che comportano modeste ricadute in termini di valorizzazione del nostro territorio. L'azione di sviluppo può ulteriormente migliorare aprendo a nuove iniziative, facilitando e incentivando tutte le imprese in qualsiasi settore e dimensione, ivi comprese quelle artigiane, per il ruolo determinante che possono esercitare, a livello di quei beni diffusi sul territorio che rappresentano una gran parte del patrimonio culturale territoriale, ma, forse anche, più dimenticato. Un riferimento ai centri storici, che non rivestono altrettando interesse per gli abitanti e le istituzioni; invece, si tratta di un patrimonio enorme in un territorio ad alta densità abitativa che necessità attenzione e cura attraverso una valorizzazione con interventi mirati.

La consapevolezza e la conoscenza della ricchezza storica e naturalistica dei luoghi dove siamo nati mi ha sempre proiettato a guardare le cose in modo positivo, sia nell'animo che nella mente, ragione per la quale contribuisco agli sforzi per la costruzione di questo lavoro, che vuole essere solo un'indicazione a delle idee senza alcuna pretesa. Ecco l'idea di scrivere alcune considerazioni che riguardano il modo di vivere la mia "calabresità" da una visione dell'uomo, dell'artista, dell'operatore di cultura. L'ampio pubblico dibattito apertosi da alcuni anni in Italia sulla sorte del nostro patrimonio artistico, storico e ambientale, è servito, se non altro, a meglio chiarire e fare intendere quale è, in termini concreti, il rapporto che corre tra questo e i restanti 138 articoli della Costituzione Repubblicana. Al di là della sua poca esplicita formulazione, il riferimento di tale articolo ai diritti del cittadino alla vita, al lavoro e al progresso civile (diritti che la Costituzione si impegna a garantire e a promuovere), appare ormai elementare e diretto. Tutela dell'ambiente vuol dire infatti salvaguardia dell'equilibrio ecologico, che è condizione dello sviluppo biologico, quindi della vita stessa del genere umano; e vuol dire, al tempo stesso, controllo per una corretta e razionale utilizzazione delle risorse naturali, su cui si fondano il lavoro dell'uomo e lo sviluppo di una società organizzata. Tutela del patrimonio storico e artistico significa, d'altra parte, conservazione e recupero delle testimonianze e dei prodotti della scienza, dell'arte e della cultura delle passate civiltà, ai fini dell'acquisizione di un'esperienza e di una coscienza storica, che sole consentono il progresso civile della società, dando un significato alla nostra esistenza e uno scopo al nostro lavoro. Tutti questi valori, che siamo soliti apprezzare nella loro specifica e contingente rilevanza e che sono oggetto di studio di singole e differenti scienze e discipline, rappresentano dunque, all'atto pratico, aspetti diversi di un medesimo problema esistenziale. Un problema che tutti noi ci sforziamo, in un modo o nell'altro, di risolvere, tenendo conto delle esigenze e delle scelte individuali o sociali, ma di solito ignorando o eludendo i suoi primi termini e condizioni. Secondo una consuetudine ormai consolidata, il paesaggio viene visto come uno scenario naturale immoto e inerte e non come un ambiente di gran parte modificato e trasformato dagli uomini. In altre parole, la lettura del territorio è sempre avvenuta secondo criteri estetici, senza tenere conto che nel paesaggio sono inseriti invece i segni delle trasformazioni delle società contadine, del mutare dell'economia, del progresso delle tecniche. Pertanto, ad un osservatore attento, i vecchi borghi, le case, i laghi, i fiumi, le stesse forme dei campi debbono apparire come documenti e testimonianze di una storia che deve essere in gran parte ancora scritta. Senza dubbio, nel secolo scorso, l'azione dell'uomo ha notevolmente modificato il paesaggio, tanto che alcune volte risulta difficile individuare le numerose trasformazioni che anche in breve tempo si sono susseguite. Nella maggiore parte dei casi è però ancora possibile scorgere nell'ambiente molti aspetti che testimoniano il nostro passato, che ne individuano le caratteristiche specifiche, e, di conseguenza, offrono l'opportunità di mettere in atto una corretta azione di tutela. Pertanto, ci accingeremo a modificare il paesaggio in cui viviamo solamente se saremo consapevoli del rispetto verso il

patrimonio culturale che ci circonda. Alcune considerazioni conclusive, sul percorso svolto tra territorio, arte e città, sottolineano che il rapporto tra arte e città è un tema molto ampio e allo stesso tempo diversi sono i modi con i quali l'arte entra in relazione con la città. Il mio tentativo di ricerca è quello di provare a costruire un confronto, un rapporto tra esperienze dirette e riflessioni teoriche allo scopo di individuare una più ricca articolazione di interpretazione dell'arte nel suo relazionarsi alla città e al territorio declinandone alcuni caratteri, strategie, ruoli, obiettivi, elementi di criticità.

Lo spirito dei luoghi: Genius Loci

Gli antichi avevano compreso l'importanza e la complessità del Genius Loci, di questo processo, al punto che, ad esempio, nel mondo greco classico, la scelta del luogo dove costruire una nuova colonia era affidato all'ecista, (nella Grecia antica, era un condottiero scelto da un gruppo di cittadini per guidarli alla colonizzazione di una terra) personaggio a metà strada tra il condottiero, il sacerdote, il filosofo e l'architetto, il quale sapeva interpretare presagi, segni, narrazioni, semiologie dei luoghi, oltre che gli elementi geografici. Ma la precisa identificazione di quest'idea di "essenza interiore" del luogo fu coniata dai latini con il Genius Loci, che, con estrema semplificazione potremmo definire come lo spirito, il nume tutelare di ogni singolo luogo attraverso il recupero di un linguaggio, sempre oggettivato nella forma, di elementi costitutivi dell'antropologia culturale di un retroterra, di una memoria collettiva, recuperando i centri storici e la periferia.

Così finì il neorealismo: in letteratura Pasolini, nel cinema Visconti, in architettura Zevi, rileggevano la periferia come incubatore di solitudini e di violenze, portandoci altrove, nei territori del mito e della storia: dalla borgata di *Accattone* alle terre sacre del *Vangelo secondo Matteo*, dalla devianza familiare di *Rocco e i suoi fratelli* alla sfarzosa epopea del *Gattopardo,* alle invettive di Italo Insolera per salvare la città dal cemento. Anche in architettura tornava, da protagonista, la storia.

Gli studi urbani di Saverio Muratori e Gianfranco Caniggia a Roma, di Aldo Rossi e Carlo Aymonino a Venezia, insieme alla conquista di un nuovo sistema di tutela e recupero dei centri storici, riportarono negli anni Settanta, l'attenzione degli studiosi sui caratteri dei luoghi e sui valori della storia della città. Nel 1979 fu pubblicato da Christian Norberg-Schulz "Genius loci", scritto in più fasi a partire dagli anni Sessanta e comunque fondato sul celebre saggio di Heidegger del '51, "Edificare, Abitare, Pensare". Il "luogo" o, meglio, lo "spirito del luogo" diventa la prima ragione del contesto che in questo caso riassume gli aspetti naturali come quelli antropici. Riprendendo la celebre *metafora del ponte* di Heidegger, Norberg-Schulz spiega che un "luogo" si caratterizza non tanto in virtù della bellezza o dell'equilibrio delle sue componenti naturali o artificiali, quanto attraverso la contaminazione di questo equilibrio causata da un evento singolare e identitario: dato un paesaggio con un fiume, è il ponte, appunto, che, contrastando la separazione delle rive e lo scorrere dell'acqua, cattura e riunifica le sponde, definendo una identità. La cultura architettonica degli anni Ottanta, in Italia come in Germania e nella gran parte del mondo, si concentrava sulla storia delle trasformazioni urbane e sulla qualità di luoghi

e spazi pubblici letti come permanenze, in una ossessiva pretesa di appartenenza e di rimandi tra modernità e tradizione (linguaggio post-moderno), che fece forte la cultura occidentale, fiera della sua storia e del suo passato. L'artista interagisce con la memoria dei luoghi rappresentandone l'immagine e la sua percezione, esplorandone il coefficiente d'informazione. L'artista indaga le relazioni tra spazio immaginato, spazio percorso e l'agire del pubblico. Le opere per un preciso contesto raccontano le diverse esperienze del luogo analizzato che riguardano per esempio le convenzioni sociali, politiche, storiche, architettoniche, antropologiche. Come dire che, a saper bene indagare ogni luogo reca in sé i segni di ciò che esso vuole essere e divenire. Far rivivere il territorio, riappropriarci del nostro passato, approfondire la nostra storia, studiare, recuperare, preservare e coltivare il bello che ci circonda, possono trasformarsi in conoscenza operante, nel senso che, indagando e meditando sui processi evolutivi della comunità cui si appartiene, diventa più immediata la comprensione di sé stessi, della complessità del mondo in cui si vive e conseguentemente dei modi della contemporaneità, per affrontare il futuro che ci attende.

L'arte come messaggio estetico, etico, sociale, umano, filo-sofico, politico, come atto supremo senza ricorrere soltanto alla tela, a una concettualità espressa attraverso forme e colori tradizionali, ma con gesti, con parole installazioni site/specific. La mia esperienza artistica compiuta fino ad oggi, mostra come le mie installazioni coinvolgono il paesaggio e la storia, la memoria e il progetto. Far capire alla gente il significato di spazio, che non è qualcosa di vuoto. Lo spazio ha atmosfera e quello che ci metti dentro colorerà i pensieri e le consapevolezze di tanti, con opere che trasformano la percezione dello spazio. Il mio atto è quello di far incontrare l'arte contemporanea con i luoghi, le città per stabilire il rapporto tra arte, architettura, luogo. Relazionarsi con i luoghi che hanno vita e identità propria. La spinta primaria che ha motivato il mio fare analitico è, quindi, quella di contestualizzare

il fare creativo contemporaneo, rapportandolo a luoghi carichi di senso, a realtà antropologiche ben precise del territorio regionale. Io credo che l'artista, immerso in questo incessante movimento evolutivo globale, deve saper governare i processi di mutamento in atto e diventare motore di trasformazioni sociali, pur senza smarrire il senso profondo della propria identità individuale, della propria identità creativa, realizzando opere in cui sia possibile leggere il mondo. L'arte racconta il mondo perché il mondo è inscritto in essa. Lavorare sui temi dell'assenza, della memoria, di tutto quello che sembra perduto, ma che continua a sollecitare le attese della nostra anima. Ecco l'idea.

29

Installazione "Per Capire" Museo Nazionale Archeologico della Sibaritide
Mostra Ritorno a Sibari.

Installazione Museo Civico Praia a Mare Mostra Opere in Divenire.

Installazione Il Viaggio del Poeta omaggio a Dante Mafia.

Scultura Omaggio a Joseph Beujs Museo Limen Vibo Valentia.

Installazione Chiesa San Francesco di Paola centro storico Cassano allo Ionio.

Installazione opera Origine – nella foto il critico d'arte
Prof. Gianfranco Labrosciano curatore della mostra Panorama Italiano.

Installazione al Parco Alt Art Rende con l'amico Gianfranco Infante.

Realizzazione Camera d'arte al Parco d'arte Alt Art Rende – particolare.

Opera installazione Museo del Presente Rende dedicata a "Nosside".

Opera installazione Museo del Presente Rende dedicata a "Nosside".

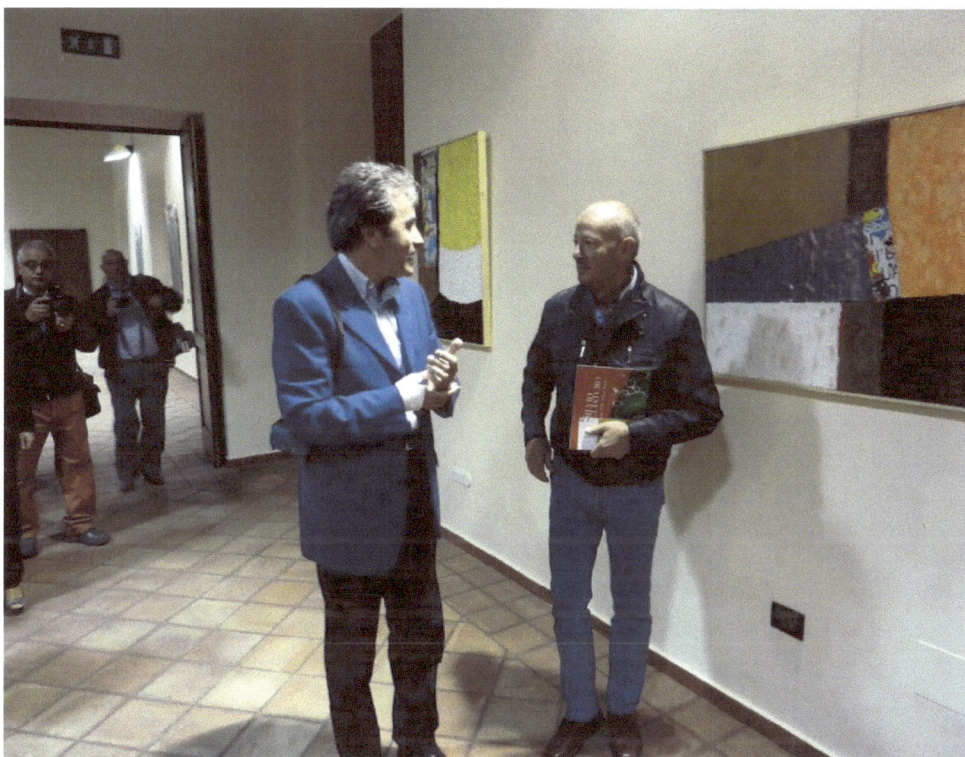

Mostra Museo MACA di Acri
con il Maestro Silvio Vigliaturo sullo sfondo le mie opere.

Centro espositivo Rocca Paolina Perugia
Con Il prof. Architetto Fabrizio Fabbroni
Presidente della fondazione Fabbroni.
Alle spalle la mia opera vincitrice del concorso nazionale Lake.

Facciata Monumentale realizzata per il Museo storico Callisto
in Malvito provincia di Cosenza.

43

Opera installazione Un moderato ottimismo
con l'artista Maestro Franco Paletta.

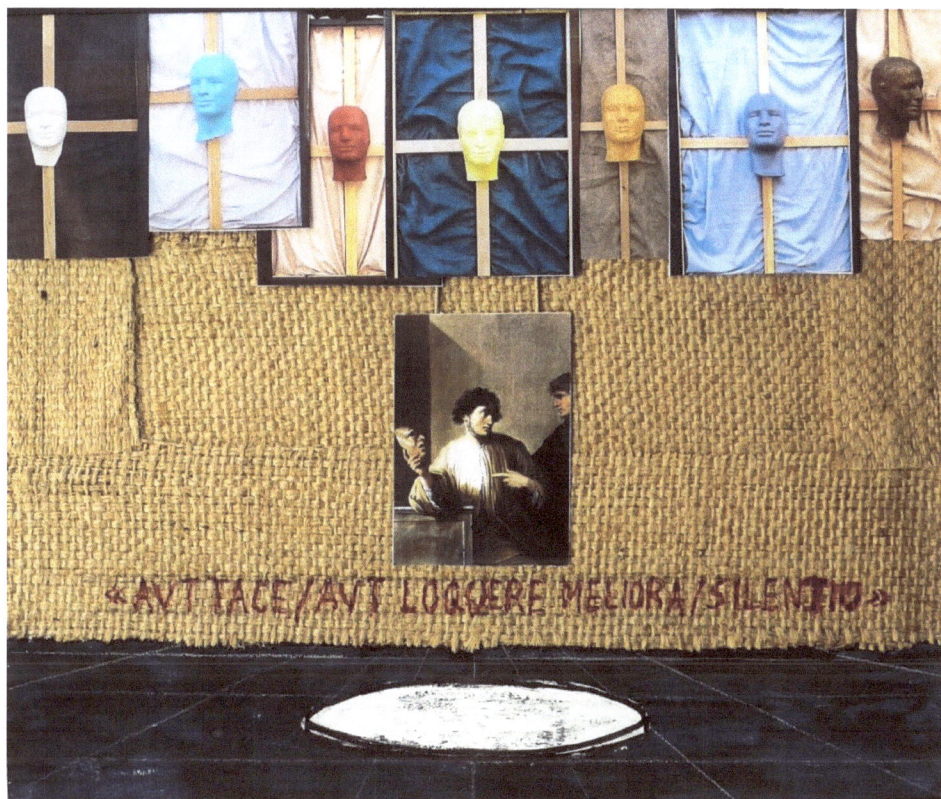

Bozzetto opera installazione La Menzogna omaggio a Salvator Rosa.

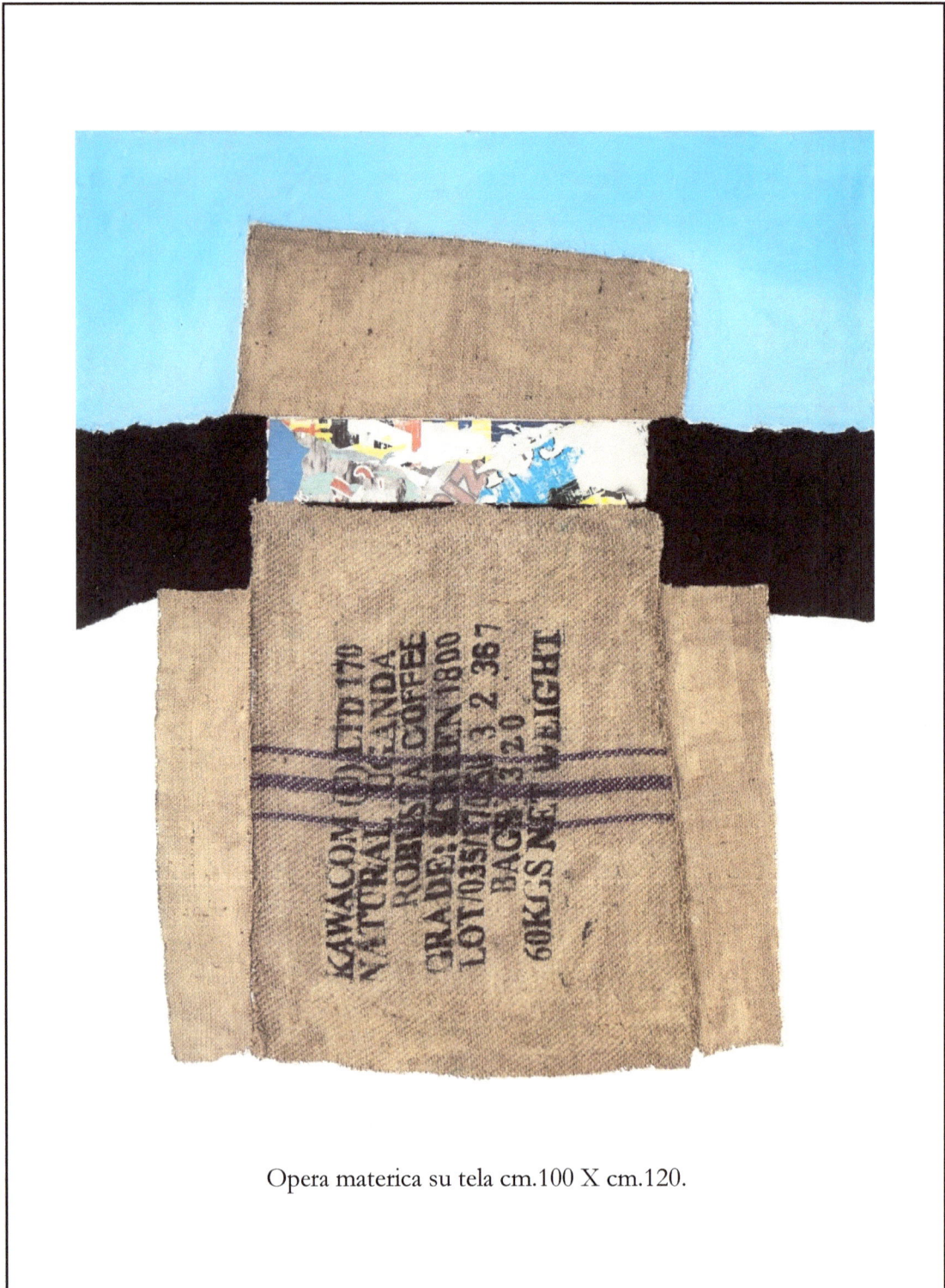

Opera materica su tela cm.100 X cm.120.

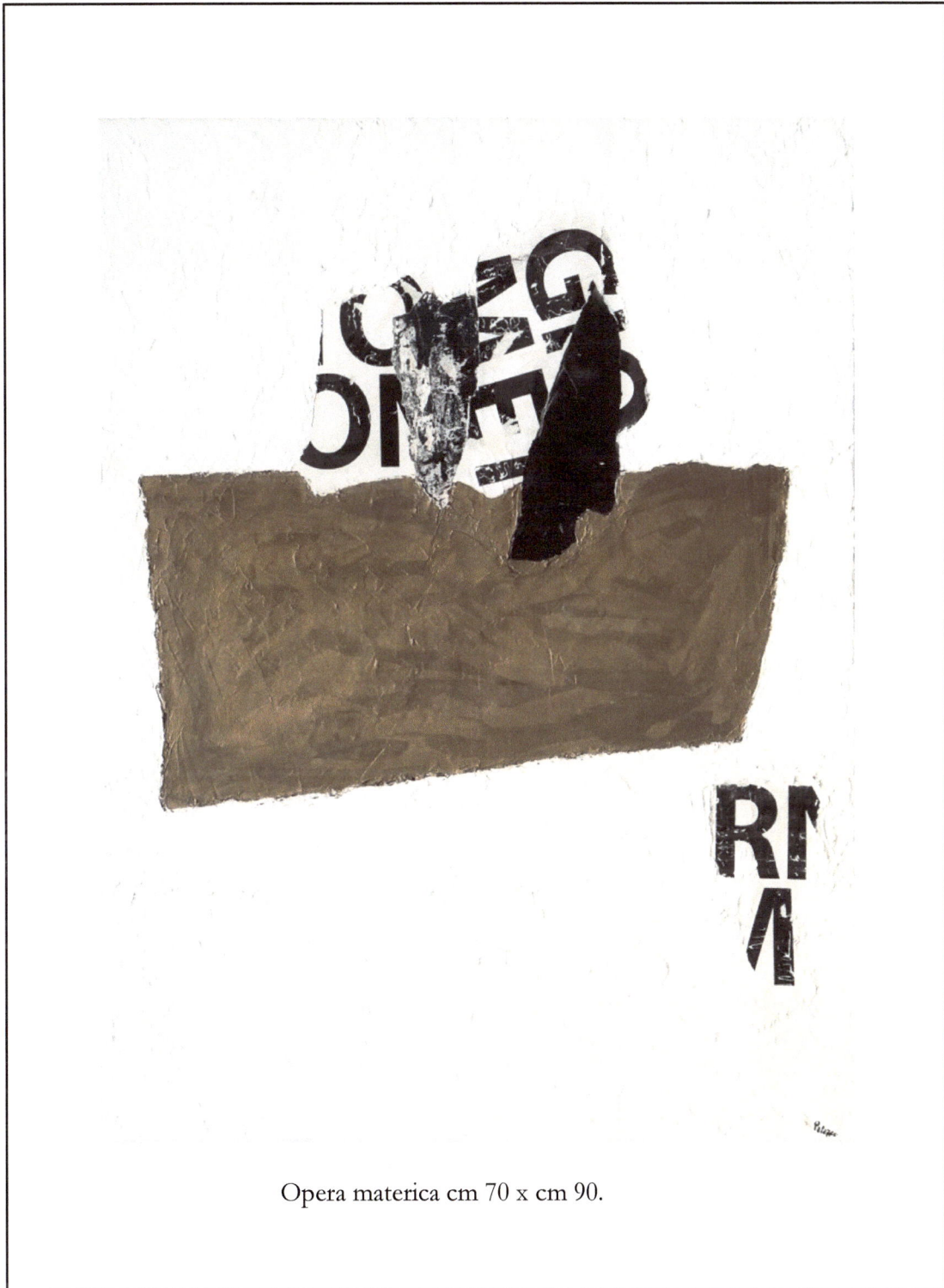

Opera materica cm 70 x cm 90.

Opera materica su tela cm 80 x cm100.

Installazione Museo Nazionale Archeologico della Sibaritide
"Un moderato Ottimismo"
Con la poetessa Anna Lauria.

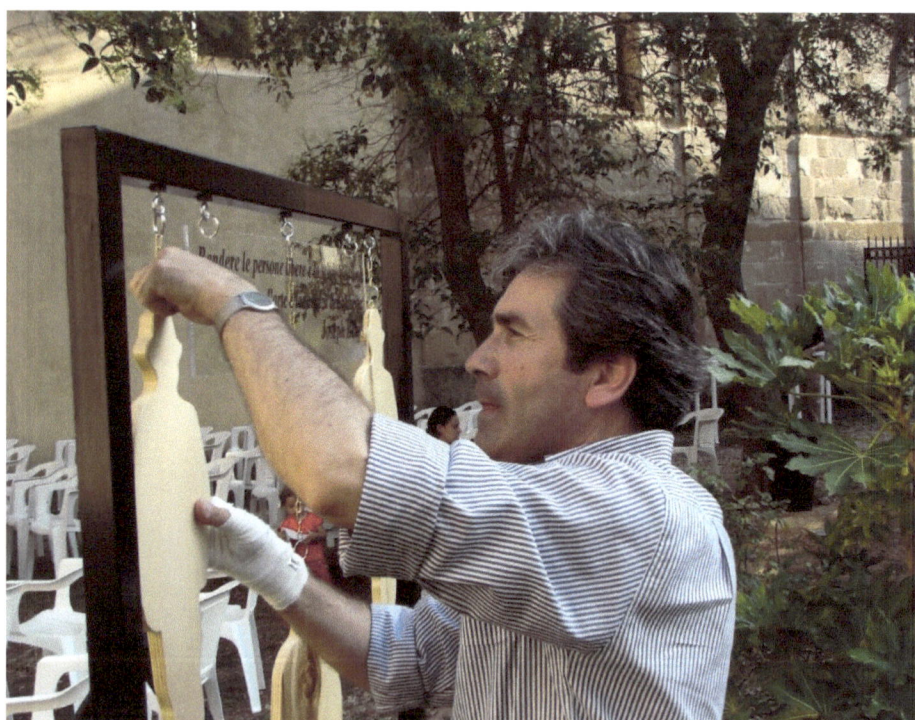

Chiostro San Adriano - San Demetrio Corone in provincia di Cosenza
Al lavoro

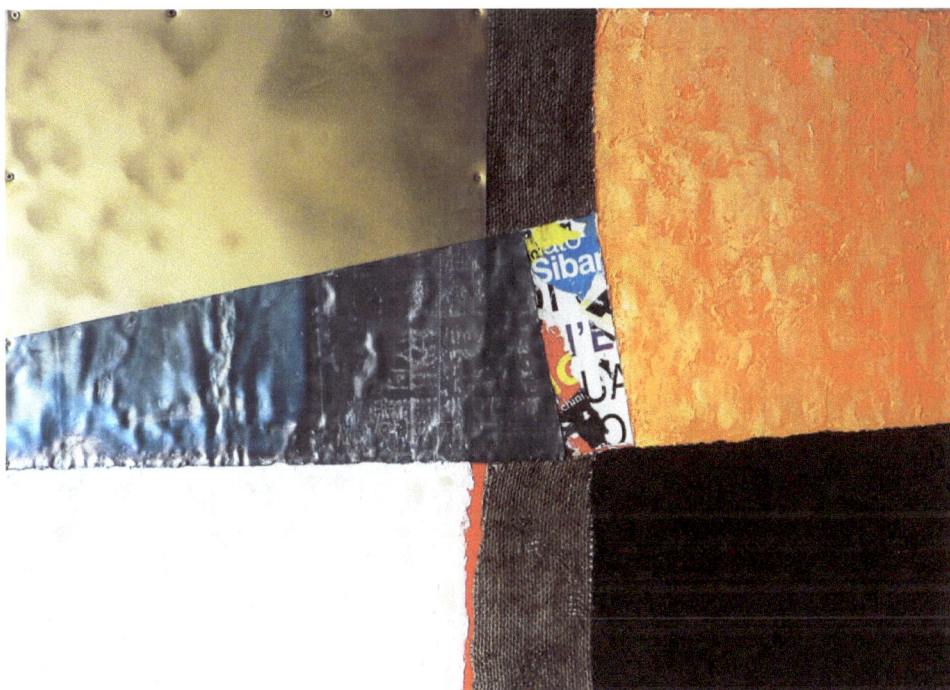

Opera materica su tela cm. 70 x cm. 100.

Particolare dell'installazione Messaggi in Bottiglia.

Particolare installazione.

Opera materica su carta "Le porte del cielo" cm. 50 x cm. 70.

Installazione per la mostra "arteingrotta"
Cassano allo Ionio grotte di Sant'Angelo.

Installazione al Castello Federiciano di Rocca Imperiale
per la mostra "Stupor Mundi".

Opera materica su tela cm 60 x cm.120.

Installazione mostra "Ritorno a Sibari"
Museo Nazionale Archeologico della Sibaritide.

Installazione "Il viaggio del poeta"
Museo Nazionale Archeologico della Sibaritide
Mostra "ANEMOS".

Opera collage materico su carta "Omaggio a Pierfranco Bruni"
29° Premio Troccoli Magna Graecia.

"Fango secco di Sibari" dalla mostra "Ritorno Sibari".

Opera materica su legno cm.50 x cm. 70.

Opera su carta dalle illustrazioni "Ulisse".

Opera su carta dalle illustrazioni "Ulisse".

Mostra "Anemos"
Martino Zuccaro Giornalista; Dott.ssa Adele Bonofiglio Direttore
Museo Nazionale Archeologico della Sibaritide; Enzo Palazzo Artista;
Prof. Mario Vicino Storico e critico d'arte curatore della mostra.

Opera materica su legno cm. 50 x cm.70.

Opera scultura in ferro e acciaio.

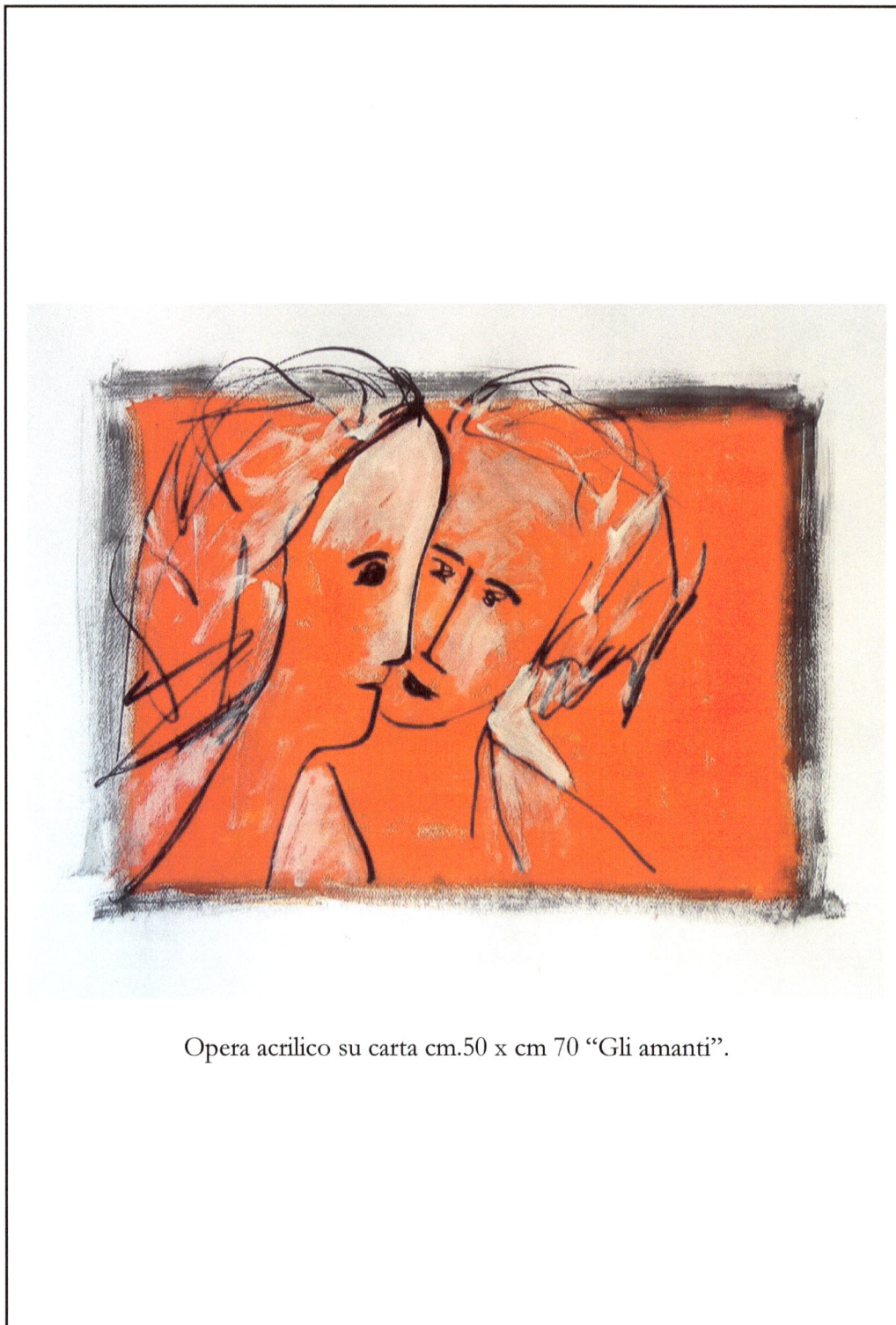

Opera acrilico su carta cm.50 x cm 70 "Gli amanti".

Opera su carta cm. 50 x cm.70 "Le portatrici".

Il mestiere di scenografo

Non è facilissimo focalizzare il mestiere dello scenografo: gli stessi professionisti danno definizioni di sé e del proprio lavoro in maniera estremamente disparata. Artista applicato, tecnico in capo, architetto, artigiano altamente specializzato.... in effetti lo scenografo è tutto questo, ma anche molto altro. È una professione talmente sconosciuta ai più da essere spesso e superficialmente confusa con altre attività spettacolari. Uno scenografo disegna e progetta, traducendo quelle che sono le idee e il sentire di un regista, riguardo al testo che metterà in scena in una immagine che da schizzo diventa disegno, poi modellino, tavola

tecnica e quindi oggetto reale in uno spazio scenico.

La scenografia, disciplina dell'illusione, dai secenteschi esordi del teatro d'opera, si era imposta fin dall'inizio come il momento privilegiato di questa nuova forma di spettacolo. Con il definirsi di questa, si affermava a partire dal Settecento la lenta ma decisa prevalenza della musica, che nulla peraltro toglieva al lato visivo, lasciando che la scenografia continuasse le sue fortune per tutto il secolo e per quello successivo. Prova ne sia la cura che gli stessi Verdi e Wagner dedicavano alla scenografia con abbondanza di precise indicazioni, ritenendola infatti parte integrante del loro lavoro. Soltanto nella prima parte del Novecento la scenografia perde un po' della sua importanza, sia per un sopravvenuto manierismo, sia perché considerata disciplina minore, quasi conseguente la crisi e la ricerca della pittura che, frastagliata in mille sperimentazioni, sembrava aver perso la propria identità. E sono stati proprio i pittori e gli scultori a occuparsi sempre più di teatro con alterne fortune, imponendo nuove realtà e creando nuove problematiche sia di tecnica che di concetto, lasciando chiaramente intendere che, di fatto, la scenografia non aveva più la precisa collocazione avuta nei secoli precedenti, né spesso una motivazione di essere. Tale minore importanza data alle scelte scenografiche dell'opera lirica è anche confermata quale conseguenza del fatto che per legge, in Italia, attualmente il direttore artistico di un ente lirico deve essere un musicista, mentre sarebbe auspicabile fosse un uomo di teatro con uguale competenza in tutte le componenti dello spettacolo e non privilegiando, come spesso accade, soltanto quella musicale.

Negli ultimi decenni, grazie al lavoro di grossi talenti in campo teatrale parallelamente ad altre rivalutazioni e riscoperte e contaminazioni in campo lirico teatrale e cinematografico si tende sempre più a riconsiderare il mestiere di scenografo per la reale importanza che ha nell'avvenimento - spettacolo, non inteso come impegno occasionale, ma come disciplina che richiede precise competenze tecniche, artistiche, storiche, nonché la conoscenza indispensabile del palcoscenico e delle sue possibilità. Uno scenografo concepisce la propria opera in questa ottica.

BOZZETTONE PER I COSTUMI - DELL'OPERA IMAGINI

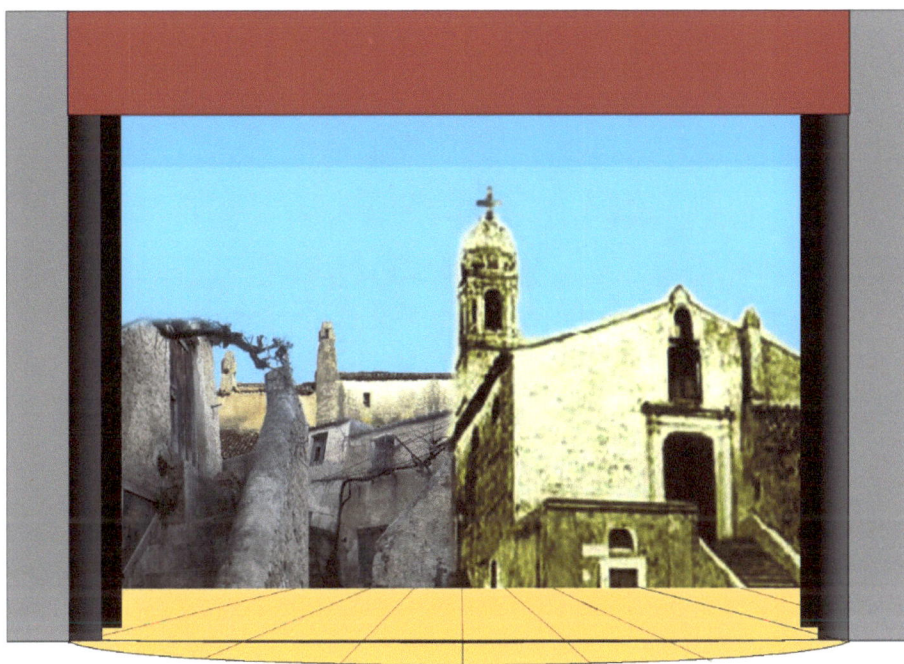

Bozzetto scenografia "c'era una volta" Palazzo

82

L'arte in scena

Quando si affronta la tematica "arte contemporanea e territorio", emergono immediatamente approcci diversi. Vi è innanzitutto la considerazione di come la storia del territorio, della città, del centro storico sia la principale fonte di ispirazione artistica. Il contesto urbano è visto come incubatore di dinamiche di carattere sociale, economico e politico, le quali sono percepite e interpretate attraverso l'arte.

Lo spazio si trasforma in un catalogo museale ricco di immagini, messaggi e spunti di riflessione a cui l'arte attinge: c'è chi si perde nell'urbano, chi denuncia, chi protesta, chi esalta l'evoluzione tecnologica, chi rappresenta i territori e chi ne immagina di migliori. D'altronde il territorio costituisce la realtà, la quotidianità e il background di crescita per la maggior parte di noi, compresi gli artisti.

Tuttavia, ciò che l'arte contemporanea propone come intervento è un tipo di approccio diverso, che analizza come l'arte si relazioni al territorio e ai centri storici tramite eventi e strutture organizzative in grado di coinvolgerne l'intero apparato istituzionale.

Anche qui il discorso è ulteriormente sfaccettato, poiché si può partire da una visione macro, in cui l'arte concorre allo sviluppo del territorio e quindi è presa in considerazione nelle politiche urbane, e si può arrivare ad un zoom che evidenzi come questa può essere occasione di rifunzionalizzazione degli spazi del centro storico, di edifici in degrado o di zone con problemi; facendosi motore di linee di sviluppo urbano e catalizzatrice di nuove dinamiche sociali collettive e individuali, che si generano secondo diversi modelli organizzativi. Si tratta dunque di leggere un certo fenomeno sociale, quello dell'arte e dei processi artistici, all'interno di un determinato spazio geografico, quello urbano. I dialoghi tra arte e territorio a cui si

83

fa riferimento non sono una novità dell'ultimo secolo, tuttavia il rapporto fra arte e territorio è divenuto sempre più complesso, in relazione al fatto che l'arte contemporanea abbia attivato nuovi schemi e nuovi attori originando importanza non solo della produzione artistica, ma anche degli eventi ad essa connessi. L'arte contemporanea si caratterizza sempre di più come strettamente collegata all'economia, in quanto genera costantemente maggiori legami tra artisti, istituzioni e attori del sistema, che vengono attratti dai territori in grado di ospitare l'arte e creare una vetrina che diventa progressivamente sempre più internazionale. Infatti, se da un lato si è progressivamente riconosciuto un importante impatto economico legato all'arte, non si deve dimenticare che questa genera principalmente significativi impatti sociali. L'arte esprime l'individuo e la collettività, l'arte riempie lo spirito e la mente, l'arte unisce, appassiona ma soprattutto emoziona, arricchisce e ispira. L'arte è un mezzo di espres-sione che afferma la propria identità, che valorizza; è occasione di partecipazione, di dialogo, l'arte innesca riflessioni e stimola la mente, l'arte è crescita. L'arte contemporanea crea un clima effervescente, ricco di eventi, iniziative e stimoli ed è occasione per la rifunzionalizzazione di spazi dismessi e beni degradati e in declino. Si adatta alla forma di questi e dà loro nuova vita e valore aggiunto.

Che la cultura sia una leva strategica per lo sviluppo dei territori è ormai dato certo: si parla di economia della cultura, di imprese creative, di classe creativa come motore di crescita delle ormai note smart cities e sono tanti i rapporti e le ricerche che lo dimostrano con dati concreti. L'accesso alla cultura è valore e il valore è ricchezza.

L'arte, intesa come propulsore sociale ed economico del territorio e come strumento di valorizzazione della creatività individuale, si rivela quindi un mezzo efficace per analizzare, interpretare, comprendere e modificare la realtà circostante, data la sua capacità di attivare, con la propria ricerca, energie nuove.

Perché lontano dai centri nevralgici dell'attività economica e commerciale? Perché mi ha sempre affascinato la vita al di fuori delle città. Fra i miei maestri, Jean-Jacques Rousseau, verso il 1750, diceva che le nostre città sono difficili da vivere. Forse dobbiamo tornare nei paesi, nei borghi, e discutere, riprogettare l'umanità.

Sono convinto che la felicità e la capacità di costruire il futuro sia alla portata di ciascuno e di tutti, di chiunque ami la bellezza, la spiritualità e la tolleranza, e di chiunque sia disposto a dire, con il grande filosofo Spinoza, «non son venuto al mondo per giudicare, né per condannare, ma sono venuto al mondo per conoscere». …Brunello Cucinelli.

In questa idea progetto, infatti, il ruolo dell'artista è determinante, essendo, sin dalla scrittura di un progetto, coinvolto nel dialogo con i soggetti interessati. Le idee che ho elaborato hanno una forte identità estetica e concettuale, con un preciso punto di vista sulle finalità dell'intervento artistico. Questo percorso è decisamente orientato alla verifica di una modalità di relazione con il territorio e la sua comunità. Lo definisco azione urbana e strumento di conoscenza e approfondimento di una storia passata o recente, ma sempre attuale per tracciare quel tessuto prezioso che la storia attende e per stabilire il rapporto che intercorre tra l'arte e la memoria, tra gli artisti, la gente, la politica. Tutto ciò deriva dal fatto che sono stato da sempre profondamente affascinato da luoghi e spazi abbandonati, in trasformazione, nonché vuoti, oltre che dai processi entropici. Questa riflessione che conclude il mio saggio vuole essere una operazione di architettura, di urbanistica e artistica – culturale, con la convinzione che possa incontrare la comune volontà di lasciare la libertà all'idea di concretizzarsi. Penso che la realizzazione di queste idee possa avere un effetto moltiplicatore di investimenti nel "restauro del paesaggio" e nel recupero della qualità urbana. Lavoro da anni, confrontandomi con alcuni amici, su questo, il motivo principale di scrivere il mio pensiero arricchendolo con proposte visive concrete, che possano illustrare le relazioni che solo le strade, le piazze, le tradizioni, hanno creato e sviluppato la nostra città.

Il mutare della città fa emergere l'esigenza da parte delle amministrazioni e di coloro che governano il territorio, di dotarsi di nuovi strumenti più appropriati per rispondere alle domande che la città esprime. La natura complessa dei problemi della città contemporanea fa sì che le risposte vengano cercate al di fuori degli strumenti tradizionali di pianificazione. Ciò che le città chiedono oggi è una maggiore vivibilità, la possibilità di usufruire degli spazi pubblici; la partecipazione degli abitanti dei quartieri nei processi di riqualificazione e più in generale nei processi di trasformazione urbana. Anche l'arte muta e si evolve verso un uso partecipato ed emozionale che spinge l'artista e l'arte sempre più ad uscire dalle gallerie per arrivare nelle piazze, nei giardini, nelle fabbriche dismesse, nei luoghi pubblici, per intervenire nel dibattito sulla città, per lavorare a fianco al progettista. L'artista è da sempre una figura portata ad osservare la realtà

che lo circonda, ad interpretarla e decodificarla, e mai come in questi ultimi decenni di cambiamento sono stati prima di tutto gli artisti quelli che hanno saputo leggere la città; nelle loro opere restituiscono a volte in maniera realistica e documentaristica quanto nelle città sta avvenendo, altre volte le letture che ne emergono sono visionare e astratte, in tutti e due i casi tuttavia il loro rapporto si è dimostrato fondamentale nell'interpretazione della realtà.

Concludo riportando alcune considerazioni estrapolate dall' articolo apparso sul "Quotidiano" della Calabria datato Domenica 5 agosto 2012 - Idee e Società 45 - dedicato a Renato Nicolini, grande intellettuale; "La Calabria, per un architetto e per un uomo di cultura, è un luogo particolarmente stimolante e fertile. Proprio l'eredità della Magna Grecia, uno dei più importanti luoghi di origine della cultura anche del nostro mondo contemporaneo, garantisce in Calabria la forza del senso del possibile..." È il territorio della Magna Graecia il vero Museo della Calabria. Le ricerche conclusive sono state essenzialmente due:

rottamare il degrado, rigenerare la bellezza.

Hanno ragione i "cattivi" maestri quando affermano, che ormai si è persa ogni relazione tra territorio e valore storico della memoria. Inutili o quasi sono tutti i tentativi che pochi si ostinano ancora oggi come gli artisti, per la verità pochi, incoraggiati da storici e critici d'arte che dalla loro, quotidianamente si impegnano attraverso la rilettura e la valorizzazione di luoghi, monasteri, chiese, opere d'arte, paesaggi, monumenti, musei, architetture, natura, incoraggiando gli enti locali e amministratori che il denaro pubblico speso per la cultura e l'arte contemporanea ha un immediato effetto moltiplicatore, avendo necessità di questo tipo di investimenti che creano subito opportunità turistiche, lavoro ed introiti economici non solo per i singoli ma anche per le comunità dove risiedono i beni e gli interventi presunti. Lo stesso effetto possono avere gli investimenti nel restauro del paesaggio e nel recupero della qualità urbana. È qualcosa che richiede un progetto che illustri una provincia, un piccolo borgo, un comune, una regione intera, la tradizione per cui questi posti sono conosciuti nel mondo.

Da sempre l'uomo ha cercato il motivo della sua esistenza, della sua presenza nel mondo. Questa eredità, poi elaborata in teorie e pratiche varie e disparate, più o meno coerenti, è ancora valida. E forse ancora di più oggi, che viviamo un mondo insieme reale e virtuale, in cui i livelli della realtà si accavallano e si intersecano, sfondano confini. Il sapere, mai come oggi, si contamina e si innesta nei vari campi, alla ricerca di un sapere complessivo, interscambiabile, che riesca a inglobare e far vibrare insieme settori spesso ghettizzati. Questo può diventare un grande vantaggio se uomini, donne, artisti, studiosi, critici d'arte, fanno del pensiero il loro primo strumento, coniugando il sapere e il fare. Un percorso che diventa aperto a mille galassie, dove nulla si perde e tutto si trova, o si ritrova, e qui nasce come spazio comparatista, un intertesto di echi, raccordi, rimandi, corrispondenze di mondi poetici. Andare, muoversi, intrecciarsi, allargarsi, incontrarsi, discutersi, capire, diventa il vero scopo.

Progetto Monumento vittime civili di guerra a Sibari

La realizzazione del monumento alle vittime civili di guerra, a Sibari del comune di Cassano all'Io-nio in provincia di Cosenza, doveva essere effettuata già da molto tempo, per onorare le tante vittime, fra ferrovieri e civili, che vi sono state quel 15 agosto 1943 da parte dell'aviazione anglo – americana, che bombardarono la stazione ferroviaria di Sibari. Una sorte avversa non risparmiò queste persone, che invece di trovare scampo nel rifugio antiaereo di fronte la stazione, questo si rivelò la loro tomba, senza via di scampo.

È una delle porte della bellezza, fa parte di una idea progetto e di studio per la realizzazione della porta di Sibari, dell'ultraterreno, un miracolo nel triste panorama storico del nostro territorio: di Sibari. La porta si erge a protezione di una splendida ciotola in acciaio, sarcofago si fa per dire, reliquario dei "resti" delle vittime che probabilmente

saranno rinvenute durante lo scavo del bunker. La ciotola collocata al centro della porta, di una incontaminata purezza, evoca il cratere della sapienza o l'oracolo della religione greca, cui si rivolgeva per apprendere i responsi e assecondarli nelle decisioni collettive e nei comportamenti individuali. La ciotola rappresenta da un lato la sacralità dell'ambiente e dall'altro l'arcaicità rudimentale del manufatto, sorretto sé possibile da elementi architettonici prelevati dal bunker. Secondo la mia poetica artistica questa opera, riflette il mondo greco, la religione di un popolo fortemente spirituale, che ebbe a principiare il suo percorso proprio a partire dal sentimento metafisico e ultraterreno. La porta sia da lungo tempo appartenuta a questo luogo, è una delle porte di Sibari dell'antica città magnogreca, come se nascesse naturalmente dal suo respiro, dalla sua memoria. Anzi, appare come la sua ultima testimonianza. Si affaccia nella piazza, dove incessante si alternava il ritmo della vita, nel ciclo delle stagioni, nello scorrere del tempo. È una porta particolare. Non è infatti realizzata per essere aperta o per restare chiusa, come per conservare un segreto. È testimone, è una riflessione sul silenzio. Una porta è come se volesse custodire un mistero. Come se chiedesse di approfondire una ricerca, il senso stesso del nascere, del morire. E tutto, nella porta, parla dell'ignoto che l'uomo è a sé stesso. Nel contesto monumentale e concettuale, la porta rappresenta l'invisibile, attraverso la quale usciamo dal mondo ed entriamo in un altro mondo, dove si cominciano a intravedere la bellezza, la sofferenza e la verità. In questo senso, la porta, credo, si offre a noi come uno specchio che ci interroga sul senso ultimo del nostro destino. "la Storia modella un uomo e non esistono artisti senza una Storia"

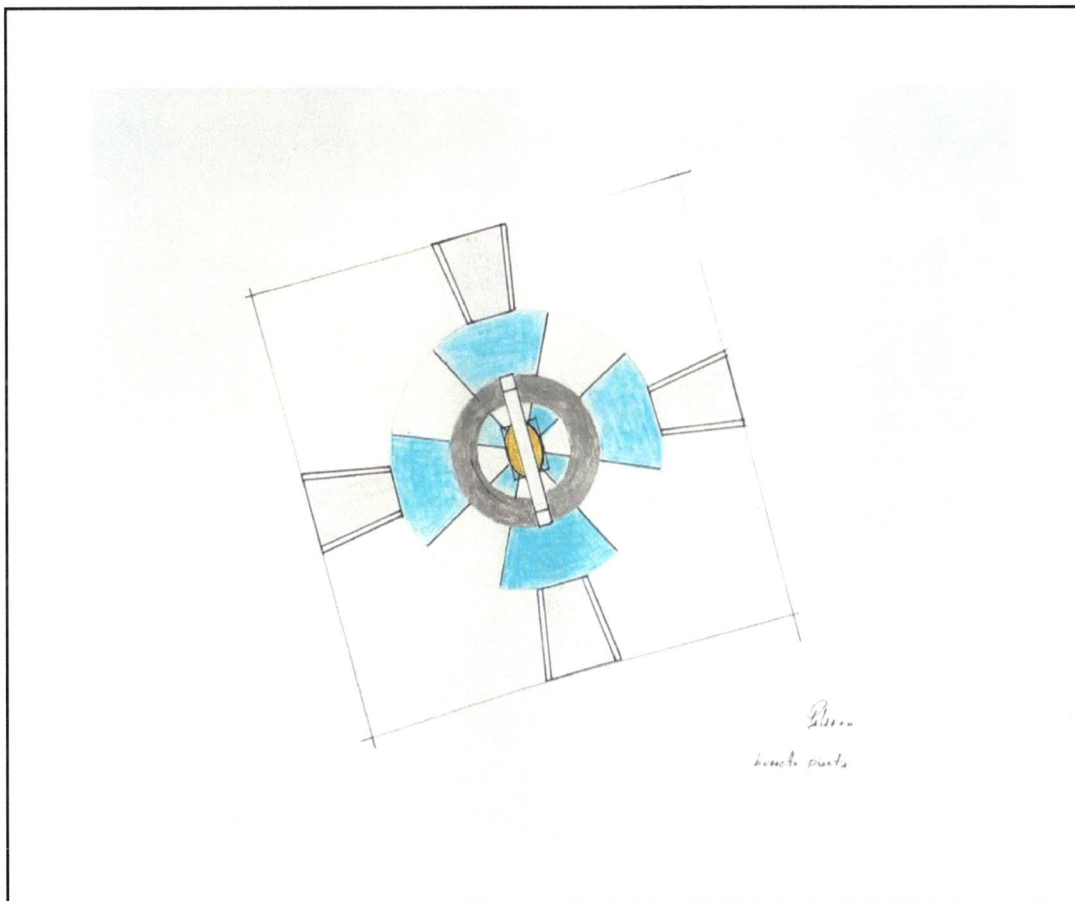

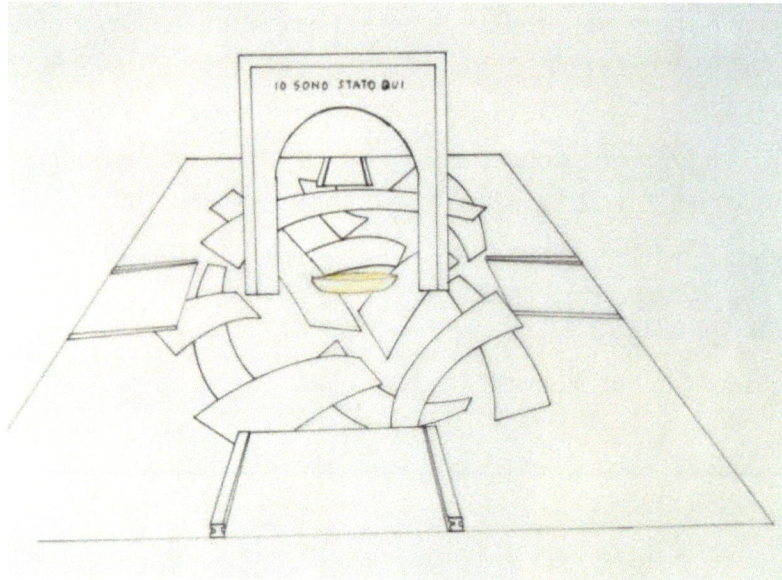

Vista prospettica.

Prospetto.

Progetto Piazza Cefalonia

Riguarda un mio vecchio progetto dal nome "le vie dell'arte", dove presi in esame i quartieri della città di Cassano all'Ionio, quindi, centro storico fino alla parte nuova, giungendo a Sibari attraverso le altre frazioni. Uno di questi interventi focalizza l'attenzione per la realizzazione di una installazione ambientale in acciaio a "Piazza Cefalonia", e consiste in un bassorilievo che rappresenta sagome, il tutto realizzato su una lastra di acciaio, da un lato le sagome appunto, e dall'altro è

inserita una poesia.

"Una strage dimenticata"

Cefalonia, Grecia, settembre 1943. L'isola è sotto il controllo di Italia e Germania, alleate nella Seconda guerra mondiale. In pochi giorni la situazione precipita: il governo Badoglio firma l'Armistizio di Cassabile, l'accordo segreto che sancisce la fine delle ostilità tra il Regno d'Italia e le forze anglo-americane.

Italia e Germania si ritrovano improvvisamente nemiche in una guerra combattuta fino a quel punto fianco a fianco. Nonostante l'enorme disparità di forze in campo, i soldati italiani resistettero per giorni agli attacchi dei tedeschi. Il 22 settembre 1943 il generale Gandin fu costretto ad alzare bandiera bianca, ma la resa incondizionata non fermò i nazisti: centinaia di soldati furono brutalmente massacrati, altri vennero fatti prigionieri di guerra o deportati.

91

L'eccidio di Cefalonia è la strage di maggior proporzioni mai compiuta dai tedeschi ai danni degli italiani. Una ferita ancora aperta, una delle pagine più buie della nostra storia.

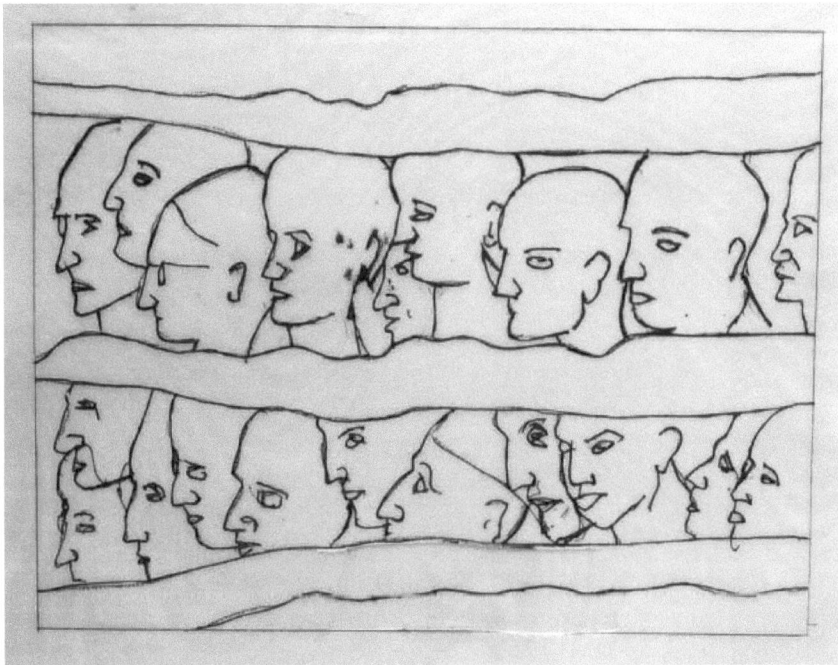

Bassorilievo in bronzo

"*Bei ragazzi d'Italia,
del vostro sorriso avete fatto
azzurra l'acqua dello Jonio,
sole, luce e vento eterio,
e, della vostra giovinezza,
superficie di mare su cui si incisero
l'infrangibile parola Democrazia
e la perenne nascita dell'Odissea.*

*Voi foste il fuoco di Promoteo
ed il cantico degli umili e dei giusti.
Leali ragazzi del Mediterraneo,
la Grecia vi è riconoscente,
l'Italia vi è riconoscente,
l'Umanità vi è riconoscente,
Riposate in Eterno.*"

Taxiàrchis Zagganas

Poesia da inserire nella scultura

Progetto la Porta di Sibari

Che allude al mare e alla classicità ma indicante precipuamente un atteggiamento, un modo di essere che fu proprio dei greci: l'anelito alla partenza e all'avventura sotto qualsiasi forma, fisica o mentale, per un salto nell' ignoto.

Sotto questo aspetto l'opera rappresenta l'attraversamento, l'atto del passare da una parte all'altra, da una forma di conoscenza all'altra, ed è quindi un ideale invito rivolto al fruitore di procedere verso l'avvenire. Dovrebbe essere collocata in luogo aperto e visibile a tutti, automobilisti, passanti, anche a distanza...

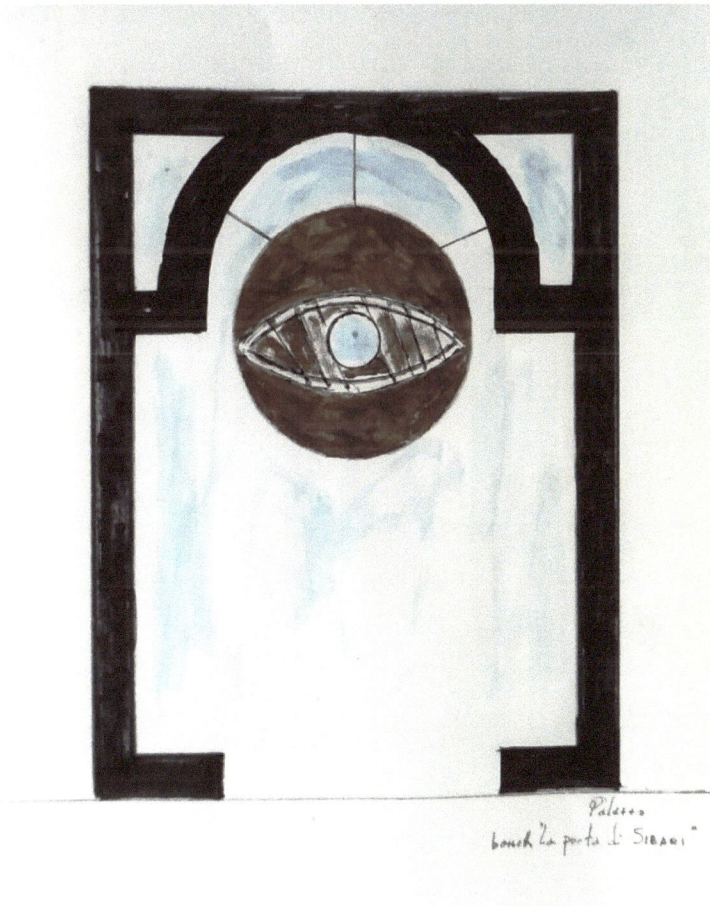

95

Questa idea progetto – scultura concepita per "Piazza Capolanza", nasce dall' esigenza di riqualificazione e arredo urbano di questa area in stato decadente. L'opera che presento, intende essere come un riferimento collettivo da condividere in funzione delle relazioni sociali, della qualità della vita contemporanea e storica in vista delle sue possibili auspicabili soluzioni è di significativa importanza per la vita comunitaria per la dimensione antropologica e sociale essendo pensata per essere collocata di fronte la chiesa dei "Sacri cuori di Gesù". Assume il concetto di riappropriazione dello spazio della piazza, caratterizzato e riconoscibile, uno spazio dove ritrovarsi per riaffermare un nuovo rapporto con il quartiere.

La scultura si compone dal disco simbolo arcaico facilmente assimilabile al concetto dell'apprendere che il verbo "disco" evoca, usato in riverenza e venerazione da numerose antiche popolazioni in tutto il mondo, rappresenta la conoscenza, la sapienza, la vita cosmica che pone al centro l'uomo. Da quattro sagome di figure umane. Il tutto è ancorato a due putrelle di acciaio fissate per terra. Alla base vi è la scritta "Io sono stato qui". La scultura è pensata per essere realizzata in acciaio corten la cui caratteristica è quella di auto proteggersi formando una sorta di pellicola protettiva che lo rende resistente alla corrosione degli agenti atmosferici. Ho tenuto conto della realtà e delle atmosfere che ha rappresentato nel passato questo luogo e che può ancora rappresentare.

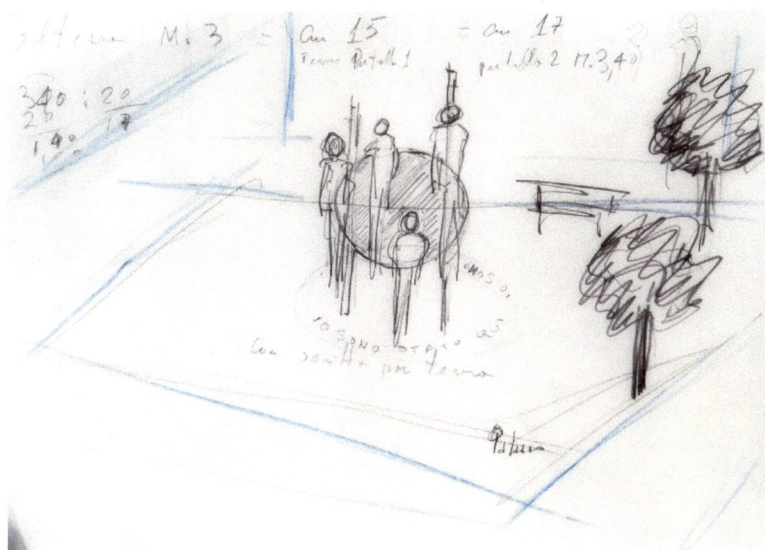

QUI IO SONO STATO — IO SONO STATO QUI

CURRICULUM ARTISTICO

Mostre collettive

Anno

2003 – 5^ Biennale d'arte di Ferrara

2005 – Internazionale Kunstausstellung Basilea CH

2008 – Biennale d'arte Roma

2003; 2007; 2009; 20011 – Biennale San Demetrio Corone Cosenza

2008 – Comunica arte Acri Cosenza

2008 – Bari "L'arma nell'occhio di artisti e collezionisti" – 11° Battaglione Carabinieri Puglia

2009 – World Museum 2009 Cesano Maderno MI a cura dell'architetto Barindelli

2010 – 1^ Triennale dell'astratto e del surreale Roma Accademia di Romania

2010 – Transiti silenziosi mostra itinerante Università della Calabria; Museo Civico Praia a Mare; Il Coscile galleria d'arte Castrovillari; Toma galleria d'arte Reggio Calabria; La Pigna galleria d'arte Roma.

2102 – "Tra moderno e contemporaneo" Complesso Santa Chiara Cosenza a cura del Rotary di Acri.

2013 – Il mondo sotto sopra Villa Marchianò San Demetrio Corone CS

2013 – La rosa dei venti Castello Aragonese Castrovillari CS

2013 – Museo Nazionale Archeologico della Sibaritide – "La portatrice d'acqua" giornata del contemporaneo

2013 – Polo Museale la Calabria e i suoi territori – Rende CS

2016 – Museo Arti e Mestieri "Panorama Italiano" mostra itinerante

2016 – Perugia Mostra / Evento LAKE Centro Espositivo Rocca Paolina

2016 – Castello Normanno Morano Calabro CS

2017 – Galleria d'arte il Coscile Castrovillari CS collettiva di primavera

2018/2019 – "Bibart" Biennale Internazionale d'Arte di Bari e Area Metropolitana

Mostre Personali

Anno

2001 - Cappella Gallo "Sehnsucht" Castrovillari CS

2004 – Galleria La Telaccia "La vibrazione del colore" Torino

2004 – Galleria Il Centauro "Un linguaggio non oggettivo" Bari

2007 – Galleria Azzurra in Brera "Suoni e colori nelle scritture del tempo" Milano

2008 – Centro Culturale De Rada a San Demetrio Corone CS

2010 – Galleria Il Trittico Roma

2011 – Galleria Il Coscile Castrovillari CS "Frammenti"

2013 – Museo Civico d'Arte Moderna e Contemporanea "Opere a Venire" Praia a Mare CS

2014 – Museo del Presente "Ritorno a Sibari"

2016 – Centro culturale "Mò Heart" Bitonto Bari

Installazioni site/specific

Anno

2011 – Progetto "Arte in Grotta" complesso ipogeo grotte di Sant'Angelo Cassano allo Ionio Cosenza

2012 – Progetto "Attraversamenti Stupor mundi" Castello Federiciano Rocca Imperiale CS

2014 – Progetto "Ritorno a Sibari" Parco e Museo Nazionale Archeologico della Sibaritide CS

2014 – Progetto "I Luoghi dell'Arte" Chiesa San Francesco Di Paola centro storico Cassano allo Ionio CS

2017 – Museo di Palazzo Doria Pamphilj Valmontone

Progetti d'Arte

Anno

2007 – "Solarità Mediterranee" omaggio all'artista IBRAHIM KODRA Sala Consiliare comune di Cassano allo Ionio CS

2008 – Editoriale Televisivo "Tra forma e colore" reti SKY – SAT 8TV ROMA

Bibliografia di riferimento

L'evoluzione grafica e La costruzione dell'dentità, Giunti, Firenze, 2008

Storia, Salani Editore, Milano 1994

Staccioli G., Progettare immagini, La Nuova Italia, Firenze, 1993

La storia dell'arte Italiana, G.C. ARGAN Editore Sansoni

Walter Benjamin Arte e Società di Massa editore Einaudi

Ernest Gombrich Julia Hochberg, Max Black, Arte, percezione e realtà. Come pensiamo le immagini, Editore Einaudi

Mettere in scena l'arte contemporanea (dallo spazio dell'opera allo spazio intorno all'opera), Francesco Poli, Francesco Bernardelli, Editore Johan e Levi

Renato Nicolini, peramarenapoli, Edizioni Clean

La linea analitica dell'arte moderna, le figure e le icone, Filiberto Menna, piccola biblioteca Einaudi

Ambiente – Urbanistica – Territorio – La tutela ambientale dei Beni Culturali, Alessandro Crosetti CEDAM

Beni Culturali e comunità locali, Mariella Zoppi, Electa Belle Arti

L'arte in trincea, Lessico delle tendenze artistiche 1960 – 1990, Lea Vergine SKIRA

Joseph Beuys e Toni Ferro, ARTISTI del DISSENSO, Poetica, etica e pedagogia libertaria, Petruzza Doria, Gangemi Editore

Architetture Plurale, Fernando Miglietta, le opere, gli scritti, la critica, Rubbettino

Daidalos, Rivista Beni Culturali in Calabria, aprile – giugno 2002, Editore Artemisia srl Margaret S. Archer (1997), La morfogenesi della società. Una teoria sociale realista, Franco Angeli, Milano

M. Carta (2002), L'armatura culturale del territorio. Il patrimonio culturale come matrice d'identità e strumento di sviluppo, Franco Angeli, Milano

W. Griswold (2005), Sociologia della cultura, il Mulino, Bologna

E. Morin (2011), La sfida della complessità, Editore Le Lettere, Firenze

Ho sognato di fare l'artista